解明に急げ

不思議体験
生きた証を残す

中村えみ子

科学と非科学

明るいと暗い

裏と表

陰と陽

生きた肉体と死んだ霊体

右と左

上と下

まえがき

この度、私が以前より自分が不思議な体験をした中で生きた証として残したいとの思いで書き綴ってまいりましたものを、そしてこのような形で書きあげることができました。

何処の出版社に依頼したらいいものかも解らず、印刷会社に電話をしてF様と出逢わせていただきました。

しかし印刷のみということで出版には到らないため、出版社を探さないといけないところ、親切に探して頂き、この度出版して頂ける牧歌舎様にたどりつけました。

F様には二度も足を運んで頂きまして、ましてや何の利益にならないにも拘わらず時間も惜しまずとても良くして頂きました。

心よりお礼申し上げます。

そしてこの度、本にして頂くことを引き受けて下さいました牧歌舎の佐藤様にも心よりお礼申し上げます。

私は今までの人生、自分の思うように好きなように生き、それはそれは息子、娘の二人の子供たちには心より愛をもって感謝するばかりであります。

これだけ自由奔放、波瀾万丈に生かせてくれたことに毎日祈りをささげ感謝致しております。感謝の念の他、何もありません。

これから先の人生、恩返しと申しましょうか世のため、人のためにと動いて行きたいとの思いであります。

目に見えぬ大きな存在に導かれて。

目次

まえがき　1
一　「強運」を手にすることにより勇気が　7
二　亡くなった人の生まれ変わりの現象　10
三　一番最近の不思議なこと　16
四　男性の低い声で「阿耨多羅三藐三菩提心」と聞こえてきた　21
五　クモ膜下出血で大手術、天井に張りついて自分の姿を見ていた　26
六　年明けにごっつい地震がくると発した　31
七　ある夏の日、プールに誘われイヤイヤ行った時のこと　34
八　香典の用意をしろと二回、聞こえてきた　40
九　息子が誕生して実家に帰っていた時のこと　43
十　当時六歳だった孫の言葉　45
十一　当時九歳だった孫が送ってきたテレパシー　47

十二　愛犬が亡くなった時、姿を見せて知らせてきた　49
十三　六歳の孫が発した言霊　52
十四　姉妹で夏休みに宍喰へ旅行に行った時のこと　54
十五　娘のマンションの二階の窓に浮かぶ地球儀のような物体　58
十六　主人との離婚の件で、主人の妹と会って離婚届けに印を押すことになっていた　61
十七　友人とランチの後、宝塚の清荒神にお参りに行くことになったのだが　63
十八　左脚の股関節の手術を受けるために豊中市民病院へ行くのだが　66
十九　霊的能力、不思議霊障を封印したという　71
二十　中学二年生の孫が、寝そべってゲームをしていると、子供の声で、「あそぼ、あそぼ」と言ってきたと　74
二十一　別れた主人の実家でのこと　76
二十二　中村と名乗っていたら結婚した相手の名前が中村であった　77

二十三　何も解らず自然と呪文を唱えていた
あの頃は呪文であるか何かも解らずに　78
二十四　豊中市民病院に入院している時のこと　80
二十五　夜に道端でしゃがみ込んでいるおばあさんが、祭壇から来たと言う　83
二十六　行ったこともない場所なのに崖の方から行くなと発した私　84
二十七　斜め前の家の二階の窓に大きなまるい赤色のものが　86
二十八　瞬間移動で現われたバラの木　88
二十九　不思議世界を四原則で解明できた　92
三十　知人も瞬間移動を体験　97
三十一　直感により、異様な場所から離れろとの指示が　100
三十二　すべてが強い思いでの言霊　103

自分の周りで起きたさまざまな不思議な体験、現実離れした出来事を、自分の生きた証として残したいとの思いで書き綴ってまいりました。

あらかじめ目に見えない何者かによって仕組まれた計画が存在し、その計画通りに動かされているような、そこに隠されている意味の有無を探ってまいったのであります。

不可思議な話ではありますが全て私の体験した事実であり実話であります。

ほかにもまだまだ不思議体験があります。

文章で書き表わすことの出来ないようなことも。

一「強運」を手にすることにより勇気が

この度、深見東州先生の本、『強運』を手に取ることにより勇気を頂き、今までの不思議な体験の意味が示されました。

「四つの霊が自分を動かす」との章の中に、人間の霊的構造にあるものが直感、霊感をもたらすとありました。

私が体験した眼通力、予知能力、過去が見えたり人の霊が見えたりすることが不思議だったことの意味が解り、心の中がスーッとしたように楽になり、とても勇気を頂いたのであります。

不思議不可思議なことが、どうしたら解明できるのであろうかと三十年近くずっと、毎日のように考えていました。

自分が発した言葉が現実になったり、人には見えない風景や人の霊が見えたりと。

なぜこのようなことが起こるのか解明してやると、偉そうなことを思ったりしておりました。

別れた主人の家族らは、何をバカげたことを言ってるんやと言うように、私を冷やかな目で見ていたものでした。
テレビ番組、タイトル「クレイジー、ジャーニー」生まれ変わりの現象、超心理学、生まれ変わりの謎。

大門正幸先生はアメリカバージニア大学客員教授研究者です。この方にも大変、勇気を頂いたのであります。

たくさんの不思議体験を通して、この世のしくみ、この世のシステムを実感したのです。

このような著名な方の発信が、何よりも嬉しく思えたのです。

二十九年前には、……このような梵字が見えてきました。

最近、解ったことでありますが、次普禮真言の梵字でありました。

四十年前には男性の低い声で「阿耨多羅三藐三菩提心」と聞こえてきたのでした。

それは経文の中の観音経の章の最後にあったのです。

とても不思議でなりませんでした。

そして深見東州先生の強運の本の中に、第六感、直感、霊感のことが書かれていたのです。

深見東州先生も子供の頃より霊的能力というものが大変強かったと。

このような立派な著名な先生が霊界のことをはっきり示されておられることで心がとても楽になりました。

世代を通して理解が進み、高い霊性と波動へと進化を続けるとあります。人は、おのれの直感的、および予見的能力をも呼びさまし、最終的には微細なスピリチュアル知覚と能力を獲得することができるとあります。

深見東州先生が、おっしゃっておられるような、そんな時代に入りつつあるのかなと思ったりします。

信じる信じないは勝手ではあります。どんな世も見える人には見えて、見えない人には見えないのでありますから。

毎月、お参りに行く天神社の宮司神主さんからの、「どのようなことを書くのも自由ですからね」と背中を押して下さった言葉にも感謝致しております。

二　亡くなった人の生まれ変わりの現象

二〇二四年九月十六日、十時からの番組で、タイトル「クレイジー、ジャーニー」。生まれ変わり現象、超心理学、生まれ変わりの謎。

大門正幸、アメリカバージニア大学客員教授研究者。

ユウ君という十歳の日本人の男の子が、今から二十三年前の二〇〇一年、九月十一日、ニューヨーク同時多発テロ、ツインタワー百階のビルの中で犠牲となり亡くなったKさんの生まれ変わりであると言う。

この番組は大門教授とともにアメリカニューヨークで、ユウ君の前世であるKさんを探し出す、人探しの旅である。

ニューヨークのKさんの名前が刻まれた場所へとたどり着く。

Kさんは百階建てのツインタワーで働く、保険会社の優秀なエリート社員であったと解った。

Kさんの姉を捜し出すことができた。

ユウ君の母親も同行して、ニューヨークのKさんの姉の自宅で会話をともなった撮影が許された。

話の会話の中で、ユウ君は十歳にもかかわらず、フォルクスワーゲンの車が好きで、ミニチュアのコレクションもしているらしい。

同時多発テロに巻き込まれ亡くなったKさんもフォルクスワーゲンが好きで、生前、愛車はフォルクスワーゲンだったという。

そしてユウ君は、メガネやサングラスが好きであるという。

今のユウ君もメガネをかけている。

そのメガネもサングラスもKさんのと同じメーカーのものであった。

そのメーカー以外は使用しないという。

そして普通、子どもが着ているようなTシャツは好まず常にカッターシャツ、スーツを着ているという。

それにネクタイをするのが好きらしい。

スニーカーなどは履かなく革靴を好むらしい。

Kさんの姉も最初は信じがたく不思議であったのだが、次第に受け入れていくことができたのだ。

ユウ君の母親は、自分のお腹から産まれてきた子が、言動なども普通では信じがたいことなどがあり心配の日々を送ってきたという。

ある日、自分は二〇〇一年、九月十一日の同時多発テロで犠牲となり亡くなったKさんの生まれ変わりだと言い出したという。

そしてニューヨークでの自分の前世を知りたいという。

何故かと言うと、家族に安心をさせてあげたいからだと。

十歳のユウ君が、自分の前世は二〇〇一年、九月十一日、ツインタワーで同時多発テロに巻き込まれ命を落としたKさんだと言うではないか。Kさんは、突然の事で自分の死を受け入れることができなかったらしい。

Kさんのどこかで自分が存在していたことを伝えてほしいとの強い思いが、彼を日本人のユウ君に生まれ変わらせたのであろう。

ニューヨークのKさんの姉と対面した折には、ユウ君は流暢な英語で話し出すのであった。

大門教授曰く、普通は七歳位で自分の前世を忘れさせられるという。

二　亡くなった人の生まれ変わりの現象

ニューヨークと日本、宗教も違うしバックボーンも違う。
その人によって、理解を示すか、また、示さないかは異なる。
しかし事例があることを知っておく。
私自身も前世をはっきり見ているのだ。
頭には冠をかぶり長い着物を着ている。着流しというのであろうか。
色彩などもはっきり見える。
高貴な階級の者にしか着れないと思うような衣装をまとった姿である。
地下に降りる岩のような石作りの階段。
階段を降りて行くと数人の男たちが一人一人、別の檻の中に入れられている。
座ることとしかできない状態の高さである。
私は付き人の一人に、その者を出してやれと言っている。
あれは何時代であろうか。
戦国時代よりはるかに前の時代かと思われるのである。
何故か卑弥呼の時代かと思うのである。
私は以前より数人の人に貴方の前世は卑弥呼であると言われたことがある。

妹の主人が亡くなる数年前に、お姉さんの前世は卑弥呼だと言ったことがある。

その時、私は何のことかと思うぐらいで話を聞き流していた。

最近では実の妹までもが真剣に話しだした。

私は前世、お姉ちゃんが卑弥呼であった頃に自分は側近で支えていたと言いだした。

今なお、檻の中に入れられていた武将のような出立ちをしていた男を、地下の狭い檻の中から出してやったことを時々思い出すのである。あの光景は目に焼きついている。

その男とは二十年前に出逢っている。

飲み屋のカウンターの角に座っていたその男性を見た時、常の感情ではない不思議な瞬間があったのだ。

何故か、この男性だと強く思ったのだ。

名刺を渡して電話をしておいでと言っている。

まるで上司が部下に言うように。

男性は私より一歳年下であった。

連絡を取り合うようになり二十年になる。前世のことを伝えるのであるが、返ってくる言葉はただただ、「頭、大丈夫ですか」と。

仕方あるまい、理解できないのも当然かな、母親のお腹からこの現象界に出された瞬間に忘却の水を飲まされ記憶が消されるという。

前世の記憶を消されるのであるから。

しかしユウ君や私のように、ある日、思い出す人間も少なからずいるであろう。

ある先生からこの世のシステム、この世の法則は、人生の貸し借りであると聞いたことがある。

その先生は七年前にお亡くなりになった。生前の折、私は七年後に実在界に還りますとおっしゃっていた。その通りになった。

私はずっと真理を追い求めてきた。

真理は自分の心の中にある。

世代を通して理解が進み、より高い霊性と波動へと進化を続けると深見東州先生の本の中にもあった。

科学技術の進歩の中で非科学の不思議現象の解明に急げと。

三　一番最近の不思議なこと

二〇二三年十二月三十日に千葉県から息子夫婦が帰省するとの連絡があった。

なので二階のベランダに布団を干していた。

年末の買い出しから帰宅するやいなや、布団を取り込むために二階のベランダに上がり、ふと空を見上げた。

なんと不思議な雲があるではないか。

お月さんの大きさをはるかに超えたグレー色のまるい形。まるい形の下にはタコの足のようなものが何本かある。

午後四時三十分頃のことである。

こんな雲、今までに見たことがない。

私はしばらくその雲から目を離せないでいた。

私と同じようにこの不思議な雲を誰か見ていないだろ

うか。

あくる日、妹に電話をして昨日、夕方四時三十分頃に不思議な雲を見なかったかと聞いたが見ていないと言う。

この妹とは以前から、少し時間は違ったりするのだが、不思議な同じものを見たりするのだ。

妹は我が家から徒歩十分位先の府営住宅に住んでいる。

以前、二十九年前になるが、二人とも別々の場所にいたのだが、電車の中から見る風景、景色、まるで車窓からのように見ている。その日、二人は電車など乗ってはいないが。

後で解ったのだが、その風景、景色は、高野山へあがる途中の風景であった。

先に知らされ見せられる天神通力だと教えられた。そして天眼通力だと。

そして二〇二四年、一月一日元旦、午後四時十分、石川県能登半島で震度七の地震がおこった。

妹が昨日、電話でこんなことを私に言った。誰かその雲を見た人がいたら、今の時代SNSですぐに拡散されているはずだと。

あの日、南東には小さいお月さんが確かに見えていた。

三　一番最近の不思議なこと

石川県の加賀市には知りあいがいる。

彼女もスピリチュアル、霊感の強い方である。

彼女も子供の頃から不可思議なことにたくさん直面していると聞いている。

新葉館出版より本を出している『あなたへ遺した希望のメッセージ』（ほり ちづ：Hori Chizu）。


地震後、心配で仕方なく、こんな大変な時に電話を入れてもいいものかと、ずいぶんためらったのだが思いきって電話をした。

私は彼女のことを、ちず姉と呼んでいる。ちず姉が電話の向こうで「えみちゃんありがとう、えみちゃんありがとう」と。

声を聞いて安心感とうれしさで涙が止まらなかった。

とにかく無事でよかった。

三メートルの津波がくるというので車で山に向かったと聞いた。

とにかく、ほっとして胸をなでおろした。

あくる日、再度電話を入れた。

三　一番最近の不思議なこと

十二月三十日、午後四時三十分頃に目にした雲のことをどうしても話をしたい思いで。

十二月三十日、夕方に空を見上げた時のことなんだけどと言い出した時、すぐに、ちず姉の方から私が見た雲の話をしだしたのだ。

あの日、私が見た同じ不思議な雲を見ていたと言う。私は息を呑んだ。

よく同じタイミングで不思議を体験する妹も見ていないと言ったのに。

SNSでも拡散されていないあの雲を、よりによって、ちず姉と私は見ていたのである。

しかし、ちず姉が言うには、グレー色の丸い大きな、お月さんのような雲の中にはお坊さんがいて、何とひれ伏してお祈りをささげている姿があったというではないか。

私には、お坊さんの姿は見えていないのだ。

ちず姉は、タコの足のような雲は見ていないと言う。

石川県には、一二〇〇年ほど前にタイチョウ大師という偉いお坊さんがおられたらしい。

一瞬ちず姉は、タイチョウ大師かと思ったらしい。しかしすぐに、えみちゃん、あのお坊さんは、弘法大師だと言いなおした。

私は間違いなく、弘法大師、お大師さんだと思った。

弘法大師、お大師さんは今もなお人々の救済のために修業されておられると聞きます。

ＮＨＫの「歴史探偵」で、空海、お大師さんの番組があった。

高野大学のある教授が出演されており、お大師さんのおられる場所で小さな穴から、こちらの世界へ救済のため現われたりされておられますよと言っておられた。

お会いした方もおられるのではと軽く和やかに仰っていました。

事実、我が家に姿を見せて下さっております。二十四年前になりますが。

その頃、私は苦悩の日々の中でありました。

お大師さんは、「おるで」と言われた。

それは私の師匠、高野山の尼僧であります。事実、我が家に現われております。

黒い袈裟を着たお坊さんが。

四　男性の低い声で「阿耨多羅三藐三菩提心」と聞こえてきた

今から四十年ほど前のことである。

桃山台のマンションに住んでいた時のこと。

母親が知人二人を連れてやってきた。

母親たちは熱心に何やら信仰をしていた。

当時は仏壇などは無く、整理ダンスの上に、お茶、お水を祀り祈りをささげていた。

もちろん私も妹も何も解らずに、母親の言う通りに手を合わせていただけであった。

お祈りが終わり私と妹は立ち上がり、お茶の用意をしようとしたところ、男性の低い声がはっきりと聞こえたのである。

「阿耨多羅三藐三菩提心」と聞こえたのである。私と妹は、「アッ」と声を出して見つめ合い今、聞こえたよなと。

妹は「仏説摩訶般若波羅腹蜜多心経」ともはっきりと男性の低い声で聞こえてきたと言う。

私たち二人は、母親たちに今、男性の低い声、聞こえたよねと聞いたが三人とも何の話かなと言うように不思議な顔をした。

私たちには何も聞こえていないと言う。

この時も何の怖さも感じることは無かった。

ただ不思議でたまらなかったのであった。

その数ヶ月後ぐらいに、見知らぬ若い男性が訪れて、「あなたは出家しますよ」と伝えられたのだ。

何かの訪問販売で訪れた時のことかと思うのであるが。

その当時は、私は何も解らずに「私、この家を出て行くのですか」と、語気を強めて聞いたのであった。

その男性は、「そう言う意味ではなく」と言ったのを覚えている。

今から思えば、お寺に入っての修業による出家ではなく今、私たち姉妹の行なっている在家のことであったのかと思う。

しかし不思議であった。突然訪れて、あなたは出家しますよと伝えられたのであるから。

ある日、こんなこともあった。

主人と離婚後、アポインターの仕事を終えての帰り道でのこと。年配の上品な人のよさそうな男性が私を見つけて手招きをして、私に、「貴方は行く道が違っていますよ」と言うのであった。

数人の人が並んで待っているのにも拘わらず、ましてや見てほしいなどとも思ってもいない私に対してである。

不思議なことが多々ある中で、一九九四年十一月中旬、私たち姉妹の現在の師匠に出逢うことになる。

高野山真言宗総本山善通寺、上本晃従弟
　高橋秋月尼僧

私たち姉妹は先生とは呼ばずにお母さんと呼んでいる。先生なんて言わんでいい、お母さんでいいと言われるものだから。

私たちの母方の家系は真言宗、弘法大師であったにも拘わらず何故、何十年もの間、気づくことがなかったのかと思うのである。

この時から高野山へ上がるようになったのである。

高橋秋月先生も、私たち姉妹と同じような不思議な体験をする中で、高野山へと導かれたと言う。

様々な不思議体験をする中で文章では書き表わせないようなことがたくさんある。

この科学が発達する中で、非科学の世界である。今から思えば様々な危機から救い上げてもらっている。

いつも護ってもらっているのだ。

今でも弘法大師は、この宇宙の一切の生きとし生けるものすべてが心やすらかな世界への救済のため、修業されておられるという。

弘法大師御廟には毎朝、六時と十時三十分に食事が届けられる。

「有りがたや、高野の山の岩蔭に大師はいまだ在《おわ》しますなる」はあまりにも有名な歌である。

あの時の低い男性の声は、まぎれもなく、空海、弘法大師であったのかと思う。

観音経の経文の最後には、「阿耨多羅三藐三菩提心」とあるではないか。

長い年月の間、その意味を探し求めてきた。やっと解読できたのだ。

最高至上の悟りを求めてそれに向かう心。

得を積んでこの上ない悟りを。

優しさ、力、心、仏心、仏光、仏力。

とても信じがたいことであろうが、仏壇の前に黒い袈裟を着たお坊さんが現われた時から私たち姉妹を高野山へと導いていてくれていたのであった。

私自身もこんなことがあるのかと不思議に思うのであります。

しかし、まぎれもなく真実の体験なのです。

真言密教に三密行、「三密加持」がある。
一　身密　「仏の身体」
二　語密　「仏の言葉」
三　心密　「仏の心」
私たち姉妹が聞いた、「阿耨多羅三藐三菩提心」は三密加持の語密である仏の言葉だったのかと思う。

そしてまた、私たち姉妹に見えてきた梵字は、ブラーマン・梵字であると深見東州先生はおっしゃられておられます。

五　クモ膜下出血で大手術、天井に張りついて自分の姿を見ていた

結婚して間もない時のことだった。

義理の姉と買い物に行く約束をして出かける準備をしている時のこと。突然、頭をカナヅチで殴られたような痛みが襲《おそ》ってきた。

二十一歳の時である。

当時は、家電でダイヤル式の電話である。

意識はあった。目の前はまっ白な状態。

私はゼロから九までのダイヤル番号を目が見えない状態でありながらも義理の姉に電話をして救急車を呼んでもらったのだ。

今から思い出しても目の見えなくなっている状態の中、よく電話のダイヤルを回せたものだとふり返る。

何軒も病院をたらい回し状態の中、数日後に北野病院の脳神経外科の名医、菊地先生によりクモ膜下出血の手術を受けることになった。

五　クモ膜下出血で大手術、天井に張りついて自分の姿を見ていた

名医菊地先生によって手術を受けるために、半年待ちで数人の予約があったと聞いている。

この時、何故優先して手術をして下さったのか、半年先まで予約で埋まっていたというのに。

何か目に見えない大きな存在の力が働いたのか。運が強いというか。

九時間にも及ぶ大手術。視野の四分の一は失った。

手術後の集中治療室でのことである。

自分が天井に張りついて自分が横たわっている姿を上から見ていたのだ。

看護婦さん二人、先生一人が見える。

看護婦さんの一人が先生、血圧二八〇ですと言うのが聞こえる。

壁際に何やら機材の装置、その装置から、血管の管が頭部から通されて血液が流れているのがはっきり見える。

先生が砂袋を私の身体の部分、部分に乗せるようにと指示をしている。

私の身体のリンパ辺りであろう場所にのせていく。

その砂袋の色も形もはっきり見ている。

色はベージュのものであった。

その時、男性の声で「えみこー」と言う声が聞こえたのだ。

そこには花園があり川が見える。

川のほとりに白い布の衣装をまとった杖を持った老人が立っていた。

気がつくと病室の部屋にいた。

父や母が私に微笑みかけている。

あの不思議な光景と、私の名前を呼んだ人はいったい誰なんだろうか。

私と同じような体験をした人は、やはり同じ光景を見たと言うではないか。

お隣りのご主人が心臓の大手術をされた時もやはり天井に張りついて自分の姿を上から見ていたと、お隣りの奥さんから聞いている。

俯瞰《ふかん》して見ていたと。

お隣りの奥さんとは親戚のような三十七年間のおつき合いである。

テレビ番組、ヒルナンデスに出演されている弁護士の八代先生も、大手術をされた時、やはり天井に張りついて自分の姿を上から見ていたと仰っておられた。

先日、久しぶりにテレビに出演されていた小倉智昭さんもまた、同じことを仰っていたのだ。

癌の手術の時、花園があり川もあったと。

亡くなった父親が現われ、「お前もこっちの世界にくるか」と言ったらしい。

自分はまだ行かない。自分はまだこっちの世界で頑張ると伝えたと言う。

私は個人的にも小倉智昭さんのファンである。一人で毒を出せる唯一無二の人間、本音で喋る人が好きである。

テレビ界で活躍されている方々のこのようなことを聞くととても勇気づけられる。

それと言うのも、そんなことこの世にあるわけないやろ、頭おかしいのと違うかと言う人がいるからである。

我が家の仏壇の前に、お坊さんが黒い袈裟を着て立っておられたことがある。

とても不思議ではあるが。

五　クモ膜下出血で大手術、天井に張りついて自分の姿を見ていた

つけ加えたいことがある。

お笑い芸人の大物である、ビートたけしさんが、テレビ番組の中で「うちは空海や」と。

弘法大師である。

私は、ビートたけしさんが、「うちは空海や」と言われた時、胸が踊るほど、嬉しくなったのだ。

仏壇の前で立っておられたお坊さんは、袈裟を着て立っておられたお坊さんの姿は、まぎれもなく空海、弘法大師であったのだ。

私たち姉妹を高野山へと導いてくれたのだ。

色々な出来事がある人生の中、いつも助けられ、感謝する日々を送らせていただいております。

六　年明けにごっつい地震がくると発した

一九九四年十二月二十四日、娘のバスケットの親睦会が、千里中央の食道園で開かれた。当時、娘は小学六年生。

父兄みんな楽しく談笑の中、飲んでいた。

私は突然、「年明けにごっつい地震がくる」と叫んだのであった。

バスケット部の監督、宮崎先生を前にして先生は何年生まれなんですかと聞いたりして、アルコールが入って、無礼講の席であった。

子供の頃から、私が自分の口から発した言葉が、本当に起こったりしていた。

この日の親睦会は、阪神淡路大震災の前の年の十二月二十四日であった。

あの日、ごっつい地震がくると発したことが、年明けの一九九五年一月十七日午前五時四十六分に起きたのだ。

私はその日の朝、トイレで揺れを感じた。地下の部屋で寝ていた息子は、跳んで上がってきた。

娘は二階で寝ていたが、あの地震の揺れを知らないと言う。

息子は当時、神戸市内の高校へ通っていた。

地震発生時刻があと数時間遅ければ阪急電車に乗り合わせていた時間かも知れない。

あらためて今でも慄然、ゾッとする。

淡路島の地層が裂け、三宮のビルが崩れ、伊丹駅の阪急電車が脱線し、大阪と神戸を結ぶ高速道路が車ごと落下、その様子をテレビで何度も目にした。

息子のクラスの原田君はこの地震で亡くなっている。新聞の記事にも載った。

息子曰く、原田は優しいほんまにいいやつだったと。あんなにいいやつがなんでこんなことになるんやと悔しがっていた。

原田君はいつもは二階で寝ていたらしい。

しかしその日に限って風邪気味で熱もあったらしく、一階で寝ていた両親と妹を二階で寝るように促して、自分が一階で寝ることにしたらしい。

これは後で両親から聞いて分かったことであった。

生死を分けたこのことが簡単にはうなずけないのである。

よく言う、あの日に限ってということか。

原田君は自分が一階に降りることにより、両親と妹は助かったのだ。

何かが動いたようにしか思えないのだ。

前世で借りた恩を、この世で返す、そんなことはあるだろうか。

原田君の家は、神戸市灘区であり、神戸市の中では東灘区が一番、犠牲者が多かったらしい。

阪神淡路大震災の後、何故か二〇三二と言う数字が頭をよぎるのだ。

何を意味している数字なのか。

携帯のアドレスを二〇三二とした。

二〇三二年に何があるのか？

何が起こるのかと頭から離れない。

大きい地震が来るのか、もしくは戦争？

十七年前にある先生が仰られていた。「第三次世界大戦が見え隠れする」と。

その先生は当時「私は七年後に現象界から実在界へと返ります」と。

その通りになった。

七　ある夏の日、プールに誘われイヤイヤ行った時のこと

暑い夏の日、プールへ行こうと妹夫婦が、子供たちを連れてやってきた。私はプールなど行きたくなかった。

クーラーをきかせた涼しい部屋でゆっくり過ごしていたいと思っていた。あまりにもしつこく誘うので行くことになったのだ。

摂津の市民プールに行くという。

妹の運転で向かっている時、私は突然「ウィンカーを左に出して！」と叫んだのだ。すぐさま妹が「摂津のプールへ行く方向は左ではない」と言う。しかし私はとにかく左へ行くようにと指示をした。

この時、自分の口から左へと言ったものの後で思えば自分の意思ではなく、どこからともなく左へ行けと促《うなが》されたように思うのである。

そして箕面スパーガーデンに向かったのであった。ひと泳ぎして遊んだ後、皆んな並んでプールサイドに座った。

誰も喋ろうとはしない。

子供たちさえも何故か静かで様子がおかしい。

いったいどうしたというのか。

この時、私だけが知らずに、皆んなは私の夫が女と子供と一緒に来ているのを見ていたのであったのだ。

私は皆んながしつこく言うので出かけて来ただけだったのに。

いったい何なんだよ。おもしろくない。

気分が悪いし。

私は一歳二ヶ月の孫を連れて向こうサイドへ歩き始めた。まだ皆んな同じ体制でじっと前を見つめているではないか。

私は孫に「バアバア、プールなんかに来たくなかったのにね」と、話しかけながら孫の手を引いて歩いて行った。

端まで来た時、白いテーブルの側で二十代後半位の女性と、三、四歳位の女の子が立っていた。「こんにちは」と声をかけたが、無視された。

普通なら、お互い子供連れで挨拶をしたら、「こんにちは」と返答するであろうに。

声をかけても知らぬ顔で無視をするのである。何と品のない女かと思った。

白いテーブルの上には、見覚えのあるカルチェの時計が置いてある。

このカルチェの時計は私も同じ女性用のものを夫からのプレゼントのもので持っているのだ。

白いイスにはこれも見覚えのあるイタリア製のシャツがかけてある。

まあ同じものを持っている人はいるであろうが、しかしあまりにも出来すぎではあるまいか。女は天を仰いだままである。

これはもう普通ではない。

向こうサイドにいる妹夫婦や子供たちも暗い表情のままだし。

向こうサイドへ戻ろうと孫の手をひいて歩き出した時、ふり返ると、何と主人が持ちものを取りにきて走って逃げて行くのであった。

私は思わず、「コラー待てー」と叫んだ。

私は女と子供の所に行き、女には何も言わず、子供には「あやかちゃん二度とお会いすることはありませんがお元気でね」と、自然と口から発していた。

何故、この時、子供に「あやかちゃん」と呼んだのか、子供の名前など知るよしもないのに。

ましてや浮気して女、子供までがいたなど考えたこともなかったのだ。

それより不思議に思うのが、妹が、摂津プールへと車を走らせている時、私が、ウィンカーを左へと叫んだことである。

たどり着いたプールで主人と浮気女と子供と遭遇することになるとは。

あらかじめ仕組まれた計画なのか。

目に見えない大きな存在からのメッセージであったのか。

その日は我が家に寄り、妹夫婦は実に気を使いながら飲んでいる。

子供たちも複雑な思いであろうに。

突然、息子が仏壇の方を見て一瞬、顔の表情が変わったのを私は見ていた。

今日、父親の浮気相手とおまけに子供までいる所を目にしたのだから、仕方ないかと思ったりもした。

寝る前に息子に聞いてみた。

「仏壇の方見て固まっていた姿見たけど」と。

固まっていたのは仏壇の前にお坊さんが立っていたからだと言うではないか。

「頭おかしいと言われるから誰にも言うな」と息子は私に言った。

私はその後すんなり離婚をした。

当時は泣いたり悲しい思い苦しい思いもしたが今となっては、あの女性、子供に役割を担ってくれて「ありがとう」と心から思えるのです。自由人でいられることに感謝である。

女の子に「あやかちゃん二度とお会いすることもありませんが、お元気でね」と言った自分も不思議である。

この世のシステム。摩訶不思議な世界。

あの時のお坊さんは、弘法大師であったのだろうか。

この人生、起こりうることには全てに意味があると言う。

それは魂の成長のためだと。

我が一族は皆んな霊感が強いと言える。

親友が私に言ったことがある。

えみちゃんとこは真言宗、弘法大師やから位が高いと。親友の御主人が言ったらしい。

何と嬉しい言葉であろうか。

七　ある夏の日、プールに誘われイヤイヤ行った時のこと

この親友も霊感の強いスピリチュアルな人で、不思議な体験も色々としている。
あの件があったおかげで本物の大切なものを受け取ることができました。
すべてに絶望した時から本物の大切なものを受け取れるとある。
土に根を張った大木のように。
魂の成長とともに。

八　香典の用意をしろと二回、聞こえてきた

十二年前の八月一日のこと。

私は掃除機をかけていた。

何ものかに誘われるかのごとく、掃除機を止めて台所の東側の窓の方へ行ったのである。

窓の外には大きな白い雲が見えた。

涙が出てきて止まらない。

自分でも何でこんなに涙が出てくるのか解らない。

その時、どこからか、「香典の用意をしろ」、「香典の用意をしろ」と、二回、男性の声で、はっきり聞こえてきたのである。

その時、電話が鳴った。

娘の子供、十二歳の孫の父親である慎吾が亡くなったという知らせであった。

慎吾の、ご両親からの連絡である。

八　香典の用意をしろと二回、聞こえてきた

この時、娘は慎吾とは離婚をしていた。

離婚後も、あちらのご両親の願いで、孫に会わせてほしいとの申し入れ通り時々、一緒に食事をしたりしていた。

香典の用意をしろと教えられたのだ。

本当に不思議なことがあるものだ。

何故、私は子供の頃から、人には解らない現象がおきたり、見えたり、聞こえてきたりするのであろうか。妹も同じである。

妹の場合、妹の旦那の母親が亡くなった時「喪服の用意をしろ」と聞かされたと言う。

そして夜中の二時頃、鳥のひばりの鳴き声が、窓際から聞こえてきたという。

そのお母様は、美空ひばりの唄がとても好きな人だったらしい。

確かに、自分自身も不思議に思うのである。

人は死んだら肉体は消え霊体となるのか。

霊体は、地球の外側のエネルギーと化すのであろうか。

私たちは現実の世界の中で生きて日々生活を送り、肉体が消えた時は魂となり、お空の上の実在界に還って行くのであろうか。

地球の外側のエネルギーの波長、波動の繋がりとなって。

霊感の強い人間、外側のエネルギーと、大きく繋がっている人間には見ることができるのか。

ほとんどの方がこういう現象を否定されるのである。

私のような不思議を語る者を、変人とか、変わっているとか、もっと恐ろしい強烈な言葉で言う人は、精神異常者かと言われたりしますが。

そのような人には、私は、死んだら解るだろうと言い続けてきております。

九　息子が誕生して実家に帰っていた時のこと

出産後、実家に里帰りをしていた。

電話が鳴ったので玄関へと向かう。

受話器を耳にあて、「もしもし、もしもし」と言うにも何の返答も無いのだ。

しばらく受話器を耳にあてていたがやはり何も言わない。

受話器を置こうとした時、「チンチン、チンチン」と仏壇にある鈴の音であった。

誰やねんと叫び、私は電話を切った。

腹立たしさと同時に鈴の音の奇妙さを感じた。

息子を寝させてある部屋に戻った時、「アッ」と声を出した。しかし怖さなど感じない。

軍服を着た片脚のない男性が座っていた。

十二月なのでストーブをつけていた。

そのストーブの横にその姿はあった。

夢なのか、勘違いなのか。

夢ではない。はっきり見たのだ。

その日、母親は自治会の集まりのため出かけており、父親は徳島県神山町の実家へと法要のために帰省していた。

父親は戦死した親の命日のため、帰省していたらしい。

十二月二十三日の夜、徳島から電話をしてきたかと聞いたところ、電話はしていないと言う。

戦死した祖父の命日に仏壇に手を合わせ鈴を鳴らしていた時間と重なるのである。

これはどう言うことであろうか。

私に霊界から知らせにきたのだろうか。

私に供養をしてほしいとの思いで姿を見せたのであろうか。

現在、私は在家の身であります。

高野山真言宗の在家として毎朝お経をあげお勤めさせて頂いております。

この世には供養してほしいと願う魂が、たくさんおられるかのように思うのであります。

十　当時六歳だった孫の言葉

この日、六歳の孫と何げないお喋りをしていた時に、「バアバア、僕はね、本当はもっと大きなお家の子供として、よそのお家に行くはずだったんだよ」と言ったのだ。

「あのね、リビングには大きなテーブルがあって真ん中にはフルーツがたくさん盛られていてね、執事がいてね、お皿に取り分けてくれるんだよ」と言うのである。

私は執事のことを、ひつじと言ったと思ったものだから、「犬を飼いたかったのではなかったのではなくひつじを飼いたいの」と聞いたのだが、孫はすぐさま「バアーバアーひつじではないよ、執事だよ」と言うのだ。

この子はそういう子なんだと。ただただ感心したものだ。

六歳の子が執事だと言う。

私の親友の孫も同じようなことを言ったらしく、「バアバア、僕は本当は今のママのことが好きでないので他のママの所に行きたかったけど、お空の上の先生が今のママの所に行きなさいと言うので仕方なく来たんだよ」と言ったらしいのだ。

以前、テレビ番組でも見たことがあった。

やはり、五、六歳の子供たちが、「お空の上の先生が言うから仕方なく来たのだ」と言っていたのを見ている。

うちの孫も同じことを言っていたのである。

「お空の上の先生が言うから仕方なく」と言う言葉を発しているのだ。

姪っ子の三歳の子は、こんなことを言った。

ママのお腹の中にいた時、パパが、お仕事から帰ってきた時、玄関でママが「お帰り、お帰り」と言っていたのを聞いていたよと言ったのであった。

十一　当時九歳だった孫が送ってきたテレパシー

私はその日、一歳の男の子の孫と庭で寝そべって本を読んでいた。

一歳の孫は庭の石で何やら作って遊んでいる。

口には、チュッチュッをくわえて。

その時、一歳の孫が空を見上げ指さして「アッアッ」と私に伝えてきた。

まだ、お喋りができないのである。

空を見上げると、まるでＵＦＯの形をした雲が見えた。

九歳の女の子の孫が学校から帰るやいなや私に言った言葉にびっくり。

授業中であったが窓から見たＵＦＯの形の雲を見つけたので、バアーバアーにテレパシーで送ったよと言うのである。

その時、九歳の孫が私に送ってきたテレパシーを一歳の孫が先にキャッチして、「アッアッ」と空を見上げ　指をさして私に教えたのである。

科学が進歩したこの現代社会の中で、こういうテレパシーを送ることが現実にあるということをどれだけの人が理解できるであろうか。

目まぐるしく進化進歩していく世の中、本来人間の持っている霊感や直感が失われていっているように思う。

波長、波動が合った時、現象界で感じないもの、見えないものと遭遇するのであろうか。

科学と技術のパワーを人間の持つパワーがはるかに超えてしまったのか。

人間の回復は能力の回復でなければならないと言う方がおられます。

まさにその通りだと思う。

人類は新しい高度の力をすみやかに身につけねばならないとも言われます。

十二　愛犬が亡くなった時、姿を見せて知らせてきた

柴犬の名前は、こてつと言う。

犬の名前の件でこんなおもしろいことがあった。

タクシーに乗った時、お互い飼っている柴犬の名前の話で私は、うちの犬の名前は、こてつですとはっきり伝えたのだが、運転手さんは、そうですか、お宅の柴犬の名前は、コタツと言うんですかと。いいえ、犬の名前はこてつですと言い直《なお》したものだった。

現在二十五歳の孫が当時、一歳の時、ドアの向こう側に向かって、ピアノの前辺りを指さして、「ワンワン、ワンワン」と言うではないか。

夜の十時三十分頃であった。

あくる日、主人の会社の部下から電話があり、昨夜、夜の十時三十分に、こてつが亡くなりましたと知らせてきた。

私は、ドキッとしたのだ。

昨夜、一歳の孫が向こう側を指をさして、「ワンワン、ワンワン」と私に教えていたで

はないか。
私は当時、遊びほうけていて、こてつの世話などをしていなかったのだ。
主人が、思いあまった末に事務所にこてつの犬小屋を作り世話もしていたのだ。
あの夜、一歳の孫は、犬の姿を見ていたのである。
こてつが亡くなったことを知らせに帰ってきたのか。
当時、可愛いがってやることも世話をしてやることもせず本当に申し訳なかったと。
今となって、こてつごめんねと手を合わせるばかりであります。
こてつは、宝塚霊園に眠っているとのこと。
人間も動物も同じ、この世から去ったことを知らせにくるのですね。
私の友人も、二年前に亡くなったことを、知らせに来ています。
お隣りの御主人も影となって我が家に挨拶にこられました。
二年前の七月十日の朝、七時三十分頃のことでした。
リビングの横の方に、テーブルの側に、黒い影が見えたのだ。
私は今、見たのは勘違いかなと思ったのだが、再度、仏壇の前でも黒い影を見たのだ。
この時、私はもしかしたらと思った。

十二　愛犬が亡くなった時、姿を見せて知らせてきた

隣の御主人の姿を最近見ていなかった。

毎朝十時になると、バスに乗って阪急百貨店へ、自分の食べたいものを買いに行くのだと奥様から聞いていた。

私も何度となくトボトボ歩く御主人の姿を見かけたりはしていたのだが。

そう言えば、ここしばらく姿を見てはいなかった。そして隣の奥様から、御主人が亡くなられたことを知らされた。

やはり影を見たのは、その時間帯であったのだ。

とても子供の好きな温厚な静かな方でした。

うちの孫を、可愛いい可愛いいと言って、雨の日、夫婦二人で傘を差しながらも自分の家に連れて帰るほど、子供の好きな方でした。

あの日の光景が目に浮かびます。

あの日、影となって挨拶にこられたのだと直感で解ったのだ。

在家である私は、あの日から、お隣りの御主人様にも、お線香をたて、お経を唱えさせて頂いております。

十三　六歳の孫が発した言霊

孫が六歳の時だった。

家のガレージの前で、お隣りの奥さんとお喋りをしている時、横にいた六歳の孫が、「私が小学二年生か三年生になったら弟や妹が出来る」と言ったのだ。

私と隣の奥さんは顔を見合わせて、にが笑いをしたものである。

その当時、娘は離婚をしており出戻りで我が家で一緒に暮らしていた。

娘はシングルマザーになり一生懸命に働いていた。

この孫は、生まれた時から皆んなに、何てしっかりした聡明で利発な賢い子だと言われている。

大人に対しても目くばり気くばりの出来るしっかり者である。

お隣りの奥さんには、おばちゃんは配慮が足らない人だと。

私には、バアバアは見極めが足らないと、六歳の孫に言われたのであった。

言われたその通りなのである。

十三　六歳の孫が発した言霊

今でも隣りの奥さんとその当時のことをふり返って話をする。

この子は人を見透すすごい子だと思った。

六歳の子が発する言葉かと二人で感心もした。

娘は出会いがあり再婚をした。

再婚相手との間に三人の子供が誕生したのだ。

あの日、六歳の孫が言った通り、小学二年生のときに弟が産まれ、小学三年生のときに妹が誕生したのである。

予見通りと言うのであろう。

先を見る力、天眼力、目に見えない存在が六歳の孫の口を通して言魂として発したのであろうか。これを天神通力と言うらしい。

十四　姉妹で夏休みに宍喰《ししくい》へ旅行に行った時のこと

私たち姉妹は夏休み一緒に旅行へ行くのが、恒例になっている。

今年は弟のサーファー仲間のいる宍喰に決まった。

民宿に着き部屋に通された。

空き部屋はあるように思うのだが、何故か離れの部屋に通されたのです。

ひとまず部屋のチェックをする。

広い部屋で奥の壁のあたりに長いカーテンがかかっていた。

カーテンを開けてみると何と急な階段があった。

この部屋に上がってきた時の階段とは違うし妙な気持ちになったのだ。

カーテンを開けた時、何故かゾクッとしたのであった。

子供たちや、弟の友人らは楽しそうにはしゃいでいるので、階段の話にはふれずにおいた。

風呂に行く者、散歩に出かける者とそれぞれの行動をとる。

私と妹は、妹の三歳の娘を連れて外に出た。娘と娘の従姉妹も散歩に誘ったが、行かないと言うので残して出た。

下に降りて娘たちがいる部屋を見上げたが灯りが消えていた。

部屋は間違ってはいない。

降りた真上の部屋であるから。

散歩に誘った時は行かないと言っていたが気が変わり追いかけてきているのかなと思ったが、それにしても降りてくる気配がないので三人で歩き始めた。

民宿の主人から、すぐ近くの橋の袂から、阿波踊りの連がこっちに向かってきていると聞かされた。

橋の堤防から空を見上げると、何と綺麗なまるで宝石箱のような星空。

大阪ではこのような綺麗な星空を見ることはない。後で聞いたところ宍喰のこの場所の星の宝石箱の美しさは有名らしい。

しかし持てど暮らせど、阿波踊りの連など向かってこないのだ。

妹の三歳の子供が帰りたい、帰ろうとせかしだしたので仕方なく民宿へと戻る道へ歩き出した時、「エンヤコラセードッコイセ」と聞こえてくるのであった。

妹がそのかけ声を聞いて、「お姉ちゃん阿波踊りの連こっちから聞こえるで」と言う。

妹も言ったものの固まった。

今、聞いたかけ声は泉州の盆踊りの歌ではないのかと私は言った。

「ほんまや、何で」と二人で気味悪いなあと、しばし黙りこんだ。

あの掛け声はまさに泉州の盆踊りの歌である。何と奇妙なことか。

まるでキツネかタヌキに騙されたような。三歳の女の子は泣き出している。

とりあえず部屋に戻った。

娘たちは部屋にいたが何かに怯えているようである。

部屋を出た後、下からこの部屋を見上げたけど電気消していたよねと聞いたが、電気など消してもいないし、出かけてもいないと言う。

確かに電気は消えて真っ暗だったのだ。

娘たちが言うには、部屋の中をオレンジ色の光が何個もずっと飛んでいたと言う。

それは怖くてたまらなかっただろうに。

弟たちが風呂から戻ってきた。

私たちは、あの「エンヤコラセードッコイセ」と泉州での盆踊りの掛け声を聞いたこと、娘たちが部屋で見たオレンジ色の光が飛びかっていたという話をすることなく黙っておいた。

しかし気味の悪いことばかりだ。

弟に伝えてもどうせそんなことどうでもええやろと言われるだろうし。

この弟も不思議な体験は色んな場所で、たくさん遭遇してきている。

弟たちはアルコールも入りいい調子である。

その夜は、お風呂に入った後、疲れていたので寝入ってしまった。

あくる日、娘たち二人は砂浜で男女の首が宙に浮いているのを見たと言う。

娘たちはその後、しばらく頭痛におそわれたのだ。従姉妹は、ひどくこめかみが痛いと泣いていた。

楽しいはずの旅行が、宍喰での気味悪い体験になった。

妹の姑は泉州生まれの人であった。

あの当時に三階建ての螺旋階段のある立派な大きい家の裕福な娘であったらしい。

しかしそういうことなど微塵もない男っぽい性格の人で、泉州の盆踊りの時などは、櫓の上で盆踊りの歌を威勢よく唄っていたらしいのだ。

「エンヤコラセードッコイセ」と。

姑は亡くなって十年経っていた。

十四　姉妹で夏休みに宍喰へ旅行に行った時のこと

十五　娘のマンションの二階の窓に浮かぶ地球儀のような物体

娘のマンションに姪っ子が娘を連れて遊びに来ていた。
皆んなそれぞれ賑やかに談笑している時のこと。
突如、娘がその場から立ち上がり、窓際に向かった。
何かに導かれるかのごとく。
皆んなも引き寄せられるように続いたのである。
窓の外には地球儀のような物体が浮いているではないか。
しばらくは皆んなその物体から目を離さずに眺めていた。
娘がスーッと元の場所に戻るのであった。
みんなも何もなかったかのごとく元の自分たちがいた場所へと戻るのである。
今のは何、あれはいったい何なのか。
小さい地球みたいだと私は言った。
みんなは、うなずくだけである。

十五　娘のマンションの二階の窓に浮かぶ地球儀のような物体

特別、恐いとか思うような恐怖心なども感じることはない。

とにかく不思議なのである。浮いている。娘や姪っ子、子供たちはそのことに触れることなく、また今まで通りに談笑しているではないか。私だけがどうしても今見た地球儀のような物体が浮いているのが頭から離れない。

今の何なんやろと私はくどく娘たちに問うのだが、娘や姪っ子には不思議なことはあるやろと一言で済ませられた。

あれから彼女たちは、あの日のことを一言も口にしないのである。

私だけが今でも、不思議な物体が気になる。電柱や電線などあるにも関わらずそれをも透かして見えていたのである。

私はあの時、透けて見えた現象に、宮崎駿の千《せん》とちひろのアニメの中で見た、ちひろの手が透けて見えていたシーンを思い出した。

誰かあの日、あの地球儀のような物体が浮いていたのを見た人はいないのであろうか。

あのブルーでまるい物体、地球儀そのもの、

小さい地球のような、

あの日から見ることはない。
地球を小さくしたような、地球儀のような浮いた物体。

十六　主人との離婚の件で、主人の妹と会って離婚届けに印を押すことになっていた

今日、日時を決めることで主人の妹に連絡することになっていた。
読みかけている本を読み終えてからメールを入れるつもりで携帯を充電していた。
リビング入り口にあるコンセントに充電をしていた。
本を読みながら考えた文面をメモ用紙に走り書きをしていた。
読み終わり、さて充電も出来てるだろうと携帯を開いた。
すると、何てことであろうか。
先ほど、本を読みながらメモ用紙に書いた文面が打ち込まれているのだ。
これはいったいどう言うことなのか。
何が起こったのかと私は、面くらってしばらくの間、呆然とした。
こんなことがあるはずなどない。
しかし事実、今起こっているではないか。こんなこと、バカげた話で誰が信じてくれよ

うかと思いながらしばらく時間が止まった。

人間の持つエネルギーが霊的世界と繋がりテレパシーでメカをも通すと聞いたことはあったのだが。

一瞬、自分はボケたのかと思ったりもした。確かに本を読みながら文面をメモ用紙に書いていた。

自分の思いが強い念を通して携帯に入力されたのか。

古代はテレパシーで、メッセージを送っていたと言うではないか。

言葉がまだ生まれていない時代に。

今、顔も知らない会ったこともない人物のことを遠隔操作で分かる人間もいると聞く。

十七　友人とランチの後、宝塚の清荒神にお参りに行くことになったのだが

友人に誘われ箕面のロマンチック街道でランチを済ませると、友人は清荒神にお参りに行こうと言い出した。

友人の運転する車に乗りこんでしばらく走り出したところで、私は何か胸さわぎを感じて、とにかく家に向かってほしいと頼んだ。

友人は急にどうしたんだと不安顔。

家に着き、一目散に扉を開けて家に入った。

何ということか。

こげ臭く家の中全体が煙で充満しているではないか。

完全に忘れてしまっていた。

孫の哺乳瓶を煮沸するための鍋にガスの火をつけたまま出かけてしまっていたのだ。

ガスの火をつけたまま出かけてしまったとは何と恐ろしいことをしてしまったのか。

一階から三階まで煙の臭いが消えるまでには二ヶ月ほどかかった。

火事にでもなっていたらと思うと、ゾッとする。

我が家だけでは済んではいなかったであろうと思う。

この時、使用していた鍋は、ロイヤルクィーンというメーカーのもの。

お隣りの奥さんに薦められて購入したものであった。

値段が高いので悩んだりしたのだが、この時ほど、この鍋を買ってよかったと思ったことはない。

普通の鍋なら大惨事、大火事になっていたよと言われた。

購入するまでは重いし、値段もかなり高いしと思ったりしたのだが、この鍋でよかったと。

それより清荒神に向かおうと車を走らせていた時、とにかく早く家に帰りたいと強く思ったのであった。

この時ほど、虫の知らせという言葉を信じたことはない。

この時も直感が働いた。

目に見えない大きな存在の働きだと私は確信せざるを得ないのだ。

自身の直感に導かれ不思議な力が動いた。

それを虫の知らせと言うのであろうか。

私は常にこのような体験の中で、目に見えない大きな存在の力によっていつも護られているように思う。

日々の中、色々と危機に遭遇する度に手を合わせ感謝致しております。

十七　友人とランチの後、宝塚の清荒神にお参りに行くことになったのだが

十八　左脚の股関節の手術を受けるために豊中市民病院へ行くのだが

私は十三年前に豊中市民病院で右脚の股関節の手術を受けている。
その時の主治医は、名医の李先生だった。
今回、左脚の股関節が痛み出し、またもや手術を余議なくされた。
豊中市民病院での診察日、名前を呼ばれるのを持っていた。
診察に訪れていたほとんどの人たちが、びっこをひいている。
胸の奥で何だか不安を感じた。
聞くところによれば皆さん、手術後の診察に訪れているとのこと。
痛みから解放されているためか、皆さんなごやかな表情である。
私は、おかげさまでびっこになることなく歩けている。
病院で診察を持っている時、うどんのだしの臭いがどこからかしてきたのだ。
この診察室あたりには食堂などない。
病院の玄関先には、レストランとコンビニはあるが。

十八　左脚の股関節の手術を受けるために豊中市民病院へ行くのだが

それにしても、ずいぶんな距離があるし。

あの場所から匂ってくるのはまずありえない。うどんのだしの匂いは一瞬だけだった。

病室は三階以上にある。

私はその時、「アッ」と思った。

母親は一年ほど前にこの病院で息を引き取っている。

母親が亡くなる一週間前に、看護婦さんが何か食べたいものはありますかと聞いて下さったようであった。

母親は、うどんが食べたいと言ったらしい。

母親は、うどんのだしの匂いで自分を思い出してほしかったのではないだろうかと思ったのである。

その日は、自分の左脚の股関節の手術の件で頭が不安でいっぱいだったために、完全に母親のことを忘れ去っていたのだ。

何て薄情な娘かと思ったであろう。

右脚股関節を手術して下さった名医である李先生は、箕面市民病院へ転勤になっていた。

その旨は、先生より異動のハガキを頂いており知ってはいたのだが。

うどんのだしの匂いがしてから数日後に、不思議なことが起こったのである。

普段は二階の寝室で寝るのであるが、左脚の股関節が痛く、トイレの件もあり、一階のリビングに布団を敷いて寝た。

朝、四時過ぎ、左脚股関節のあたりをえぐられているような痛みで目が覚めた。

麻酔無しの手術はこんなに死にそうな痛みをともなうものなのかと思ったほどだった。

北側の大きい窓の辺りから「ゴオーゴオー」と雨風の音がする。

台所の方の窓も「ガタガタ」と鳴っている。

台風の時のような凄まじい風の音、雨の降りしきる音。

身体を動かそうとしても動けない。

まるで金縛りにあっている時のようである。

その時、横に母親がいる気配がした。

母親が横で、「フウーッ」と息を吹きかけたのが分かった。私は「お母さーん」と叫んで涙が止まらなかった。

何度も、「お母さーん」と呼んでいた。

十八　左脚の股関節の手術を受けるために豊中市民病院へ行くのだが

その時、「ハッ」としたのだ。

手術の件で診察に行った時、びっこを引いておられた人たちのことを思い出した。

母は李先生を追いかけて、箕面市民病院へ行けと伝えたかったのだと直感した。

そして、セカンドオピニオンを求め、名医の李先生を追いかけて箕面市民病院で手術を受けることになる。

左脚もビッコにならなくてよかった。

あの日は風もなく、雨なども降っていなかったのであった。

母親が、私の左脚股関節に、「フウーッ」と息を吹きかけた感触と母親の優しい香りが残っていた。

あの時の光景、宮崎駿のアニメの千《せん》とちひろで見たシーンと重なった。

私は亡き母親の大きな愛と優しさに触れた。

トンネルに入って不思議な時間の後、この現象界に戻った時のようであった。

親の恩は山より高く、海より深し。

私は思う。この現象界で生活をする中で、不思議なことを認めつつも否定したい人もいる。

しかし一つや二つは誰しも不思議体験をするであろうかと。

十九　霊的能力、不思議霊障を封印したという

娘は十八歳の時、見えたり聞こえたりすることがあまりにも怖くて封印したらしい。

この娘は封印する力を持っているらしい。

先日、大学生の孫が私に言った。

今までとは違う時代に入り、祈りの力はもう伝わらないだろうと。

私はすぐさま、反発したのである。

人間が本来持っているパワー、力を今こんな時代だからこそ、その力を取り戻し復活させないといけないのであると。

私は毎朝、お経を唱える中で弘法大師空海が言う加持を感じ取っているのである。

仏壇の上位には三体の仏様が。

右側は弘法大師、中央には如来様、左側が不動明王。

如来の額の中から太陽のようなオレンジの光が映し現われるのを見るのだ。

いつもお経を唱え始めて数分間で現われて数分でこの現象は見えなくなる。

ほぼ毎日のように如来の額からオレンジ色の光りが現れる。

何故かたまに現れない日もあるのだ。

不思議であるため何度も覗き込んだりするのだがもう見えない。

『高野山のすべて』(宝島社)の本の中に書かれている。太陽の光りのような仏の力が人々の心水に映し現われるのを「加」といい、真言密教の修行者の心の水がよく仏の光を感じ取ることを「持」というと。

仏の光が衆生の心に届く「如来の大悲」を「加」といい、修行者たちが仏の光りを感じる。

「衆生の信心」を「持」というとあるのだ。

この如来の心と衆生の心が感じあい、応えあい、「加持感光」が一つになることで悟りの世界がひらかれるとある。

一度だけでそれ以後、見ることはないが、右側の弘法大師の頭上に、はっきりと星のマークが現われたのを見ている。

私は数十年前にあなたは天命だと言われたのを想い出したりもする。

ある時は、よく見る先生がいるというので友人に誘われて行った場所で、その先生とやらが私を見るなりひっくり返ったのを思い出す。その先生は側にいた方々に私のことをすごい人が来たと言っておられたのだ。

何代もの時代をかけて、ご先祖様が徳を積んできてくれたおかげ、弘法大師を信仰してきてくれたおかげで強く護られていることに涙が出る。

最近、妹とよく話をする。

弘法大師空海のことをしっかり子供たちや孫たちに伝えておかなければいけないと。

しかしながらなかなか解ってもらえずどうすれば心に刺さるであろうかと。

手を合わす姿と信仰する心を見せるしかないのではと。

こんな時代に入ったから、なおさら霊的能力を持った人間が動かねばならないのではと。

本来、人間の持つ、祈りの力と念ずる力を復活させるために。

二十　中学二年生の孫が、寝そべってゲームをしていると、子供の声で、「あそぼ、あそぼ」と言ってきたと

高校一年生の孫は、風呂場で倒れた時に「まだこっちにくるな」とおばあちゃんが言ったと言う。孫はしばらく意識を失っていたらしい。そのおばあちゃんとは、私の母親のことである。

高校二年生の孫は夜に誰かが歩いている気配があると言う。誰かがそっと身体を触ったような時もあると。

この孫は私と同じで、小さい頃より霊的体験をたくさん経験をしている。

人一倍、霊的能力を持っている。

妹の小学一年生の孫は、洗面所でママがずっと話しかけていたと言う。

しかしその時間帯、ママは台所で忙しくしていたので洗面所には行っていないという。

ママずっと、後《うし》ろでしゃべりかけてきていたじゃんと言ってきかないらしかった。

二十　中学二年生の孫が、寝そべってゲームをしていると、子供の声で、「あそぼ、あそぼ」と言ってきたと

今、大学生の孫も小さい頃から、不思議な霊的能力を持った子である。

我が一族は霊感が強い者ばかりである。

高野山真言宗で位が高いと友人は言う。
色んな事がある中で、常々護られていると強く思う。
危機一髪の時、どんなにか護られてきたことか。
いつも護られている。弘法大師、空海によってである。
座敷童もおられます。

二十一　別れた主人の実家でのこと

別れた主人と出会った当時、主人のお兄様の家に挨拶に行った折に小学生の男の子二人がいた。

下の方の男の子を見るやいなや、この子は成功する子やなと思っていた。

今から思えば直感通りである。

まさしく今や何と大成功をおさめている。ちょっとやそっとの成功ではないのだ。

二十一 別れた主人の実家でのこと
二十二 中村と名乗っていたら結婚した相手の名前が中村であった

二十二　中村と名乗っていたら結婚した相手の名前が中村であった

私は学生時代よく男の子から声をかけられたりしたものだ。
そのときは何故か実名を名乗らずに中村だと伝えていた。
縁があって結婚した相手の名前は何故か中村であったのだ。
これもただの偶然なのか。いや偶然ではなく必然であると言うではないか。

二十三　何も解らず自然と呪文を唱えていた　あの頃は呪文であるか何かも解らずに

今、住んでいる家に引っ越してきたとき、二階へ上がる階段の踊り場で足を揃えて、トントントンと足を踏み鳴らして、キューキューリツリョウ、キューキューリツリョウと声を出して言っていたのだ。

歌舞伎役者が足を揃えてやっているような形かな。

何と妹もその頃、私と同じことをしていたらしい。不思議である。

何か印を切っていたのであろうかと思う。そして、キューキューリツリョウとは何なのか。何かのおまじないなのか。

この家に引っ越してくる前、突然、主人が引っ越すと私に告げたのだ。

私はその当時、住んでいるマンションから出たい出たいと願っていたのであった。

同じマンションに住む、子供を通じての友達とは仲良くしていた。

なのに何故かこのマンションから出たいと強く思っていたのだ。

二十三　何も解らず自然と呪文を唱えていた
あの頃は呪文であるか何かも解らずに

突然、引っ越すと聞かされたとき、私の心の内を見透かされたかの様に思った。
引っ越したいなどと一言も発したことはないのである。

二十四　豊中市民病院に入院している時のこと

私は右脚股関節の手術を受け車イスの状態。

三歳の男の子の孫と二歳の女の子の孫を連れ病院内にある図書室に向かった。

手術の一週間後であるため車イスに乗っている。

走って行く二人を車イスで追いかけ図書室に着いた。

読みたい本はあるかと捜していると、男の子の孫が、「はい、バアーバアーの本ですよ」

と差し出してきた本を見て私はびっくりした。

入院する前に読んでいた真理の本の続行版であったのだ。

たくさんの本がある中、ましてや続行版の本を渡されるとは。

孫が私が読んでいた本を知るよしもない。

単なる偶然とは思えない。

偶然はなく、すべては必然であると言うではないか。

二歳の女の子の孫が「バアーバアー」と差し出した本は、みにくいアヒルの子の本であった。

私は再度、驚いた。

私はなぜかこの孫には、口ぐせのように、みにくいアヒルの子は白鳥になるんだよと言っていたのであった。

みにくいアヒルの子の本を読み聞かせたことはない。

その本、バアーバアーに貸してと言った時、この子の取った行動に私はモヤモヤするのであった。どこかに、放り投げてしまった。私の手に届かない所に。

ブッチャイクだねと言ってきた私に今、攻撃を果たしたかのように思うのであった。

とにかく私もおかしいのだ。

孫に対して言う言葉であろうかと。

前世の関りの中で何かあったのであろうか。あまりにも相性が合わないというか、一つ一つの行動が目にあまるのであった。

しかし今、高校生になったこの孫を見ていると、とても愛おしさを感じるのである。

たまにまた、素行の悪さに腹立たしさを感じる時もあるのだが。

私に何かを教えるためにとってくれた役割でもあるのかと。

今にしても何か解らずにモヤモヤすることがある。

私からしたらこの二人の行動が不思議でならなかった。

上の男の子の方は常に敬語でしゃべる。

下の女の子は常に大阪弁で時には乱暴な言葉づかいをする。

ここの家族で敬語でしゃべる人はいない。

この男の子は何も教えてないにも関わらず常に敬語である。

そしてこんなことを言ったことがある。「バアバア、人は許すことですよ」と。

下の女の子の素行と違い、これもいったい何なのであろうかと。

言うまでもなく前世での仕組みかと思わざるを得ないのだ。

この男の子は小さい頃より、人が傷つけられている姿を見ると、とても悲しい顔の表情になるのを私は見てきている。

博愛主義者のリーダー格になる子だと私は見ている。

二十五　夜に道端でしゃがみ込んでいるおばあさんが、祭壇から来たと言う

親友の娘が友人と息子の三人で食事の帰りのことだったらしい。

友人の男友達と自転車を押しながら三人で歩いていた。

夜の十一時頃だったらしい。

道端の角の方で、しゃがみ込んでいるおばあさんを見つけ、男友達は、おばあさんどうされましたか、また、何処から来たのかと聞いたという。

そのおばあさんが言った言葉は何とびっくり。私は祭壇から来たと言ったらしい。

直ぐさま男友達が、「おばあさん道を間違ったんだね。すぐに元の場所へと帰らないと」と気丈な言葉で言ったらしい。

三人はしばらく歩いて後を振り返ったが、老女の姿は消えていたと言う。

おばあさんが祭壇から来たと言う言葉に、男友達は耳を疑い再度、聞いたと言う。

やはり祭壇から来たと言ったらしい。

気味悪くなり、元の場所に帰るように促したと言う。

二十六　行ったこともない場所なのに崖の方から行くなと発した私

弟のサーファー仲間が実家の家の前に数台の車を停めている。

その日、私はたまたま実家に帰ったのだ。

弟に何処に行くのかと聞くと和歌山に行くと言う。

サーファーにとっての最高な高い波がくるらしい。

私はその時、崖の方から行ったらアカンでと発していた。

しかし私は自分が発した崖の方の道など、私自身知らないし、もちろん行ったこともない。

弟たちは、その崖の道を通った方が一時間ほど早く着くのだと言う。

姉やん、何で崖から行く道を知ってるんやと聞かれたが、私自身、知るよしもない。

後で聞いた話、私の言うことを聞かずに行ったことにより一時間ほど早く着いたらしいが奇妙な恐ろしい体験をしたと言う。

行けども行けども元の場所に戻され、怪奇的で、この世の世界ではないような風景なども見せられたらしい。

以前、弟は友人等と山でキャンプをした時の事であるが落武者の姿を見たと言う。

それもたくさんの落武者の姿を見た時は、それはそれは恐ろしい光景であったと聞いている。

決して目を合わせないようにしたと。

こんなこともあるのだろうかと不思議に思うのである。

二十六 行ったこともない場所なのに崖の方から
行くなと発した私

二十七　斜め前の家の二階の窓に大きなまるい赤色のものが

二〇二四年、一月三十日、私はリビングで本を読んでいた。
目が疲れたので、休憩をしようと、玄関のソファーへと移動した。
腰をかけようとして、ふと外を見た。
見ると言うより見せられたような。
道路を挟んだ斜め前の二階の窓に大きな赤いまるいものが、はっきり見えるのだ。
お月さんを大きく大きくした赤色のものが浮いているではないか。
何なんだこれは。いったい何なんだと自分に問いかけながら目が離せない。
夜の九時三十分頃であった。寒い。
トイレに行きたい。
しかし、この何だか解らないものから目を離したくない。
トイレを我慢できず席を外した。
とても気になり急いで戻ったのだが、その物体、そのものはもう消えていた。

二十七　斜め前の家の二階の窓に大きなまるい赤色のものが

とても気になり目を離さず見続けていた時間帯は、五分ほどだったように思う。
いったいあの丸い大きな大きな赤いものは何だったのだろうか。
あくる日から、毎晩その場所に目をやるのだが、あの日以来、見ることはない。
これもまた、怖いとか不気味であるとかは、全く思わないのである。
ただ不思議なのだ。
赤い大きな大きな丸い形のもの。
これも私にだけ見せたのであろうか。

悪いもののようには思わないのである。
そんな気がするのであった。
先々のいい知らせを教えてくれているように自分に言い聞かせているのである。
道路を挟んだ、斜め前の家の二階の窓に浮いているような赤いまるいもの。
今も、あれは何なんだろうかと日々思う。

二十八　瞬間移動で現われたバラの木

昨夜は風も強く豪雨であった。

天気も回復して近くに住む妹に会うために出かけた。

妹が住むその団地は近々、取り崩され解体される。

すぐ近くに新しく団地が建ち並び、住民たちは数人を残して移っていった。

妹の住む棟には二人だけが残っていた。

この階にはAさんと自分だけであると言い、引越しの準備なので気忙しそうだ。

妹と約束した時間より少し早く着いた。

団地を眺めながら、あとわずかで姿を消すことになると思えば、しみじみと淋しい気持ちになる。

空き地を歩いていると、背丈ほどあるバラの木が昨夜の豪雨により、なぎ倒されている。

たくさんの枝には可愛いいピンクの花が咲いている。

私も妹も二人して、バラが大好きである。

二十八　瞬間移動で現われたバラの木

二人で散歩の時には、もう壊される団地なのだしと言いながら咲いている花を持ち帰り飾ったりしていた。

淋しそうに咲く花をテーブルに飾ってあげるのであった。

妹が降りてきたので、バラの木が、なぎ倒されているのでハサミと袋を持ってきてほしいと伝えた。

妹は、二、三本でいいと言う。

私は、もう解体されるのだし、残されたバラの木も淋しいだろうかと思い、できるだけの枝をハサミで切って袋に入れた。

すると妹が一瞬、我にかえったように、「お姉ちゃん、この場所には今までこんな大きなバラの木などなかった」と言う。

何十年の間、この場所を通り買い物や、散歩に行っているが見たことはないと。

ここに、こんなバラの木があれば早くに気付いているはずだと言うではないか。

私も妹の家には、しょっちゅう来ているがそう言えば今まで見たことなどない。

不思議に思いながらも切り取ったバラは持ち帰りテーブルの上に飾ったり、庭に、さし木をしたりした。

あくる日、確かめるがごとく妹とバラの木があった場所に行ってみると、昨日、なぎ倒されていたバラの木の形跡が無いではないか。

背丈近くあったバラの木が消えている。

誰かが根っこごと持ち帰ったのかと思ったりもしたが、土を掘り起こしたような形跡などもない。

まるで何もなかったかのようにその場所には雑草がおおい茂っているのだ。

あのバラの木は何処からやってきたのか。

何のために突然現われ、また、姿を消したのか。

数ヶ月前に、お花が大好きな八十歳過ぎの女性が一人で住んでいたが突然亡くなったらしい。

妹によく声をかけてくれて、四季折々に咲く花を一輪挿しにとよくくれたと言う。

持ち帰ったバラの花は、二日後には全て枯れ果てた。庭に、挿し木をしたバラの木も枯れたのだ。

このことを誰かに言うことはなかった。

私たち姉妹は、娘たちに不思議体験を話しても聞き入れてもらえなかったので、それ以降は二人だけで胸に留めることにしていた。

誰かに言っても、頭おかしいのではないかとか、頭大丈夫かとか言われるだけなので。

言うことが、もったいないと思うようになっていったのだ。

色々とあった不思議体験の中でも、今回のようなバラの木が突然現われたり、消えたりする現象は初めてである。

しかし、よくよく考えたら、ビルマで戦死したと聞いていた祖父が軍服姿で私の前に現われたり、その当時は二十年前に亡くなっている主人のお父様が、私に姿を見せたりしている。

植物であっても現象としては同じなのかと。

亡くなった愛犬もそうであったし。

これが四次元からの瞬間移動なんだろうと思うのである。

私自身、鉄の塊である飛行機が空を飛んだり、また、鉄の塊のあの大きな船が海に浮いたりする、その方が不思議でならない。

発達し続ける科学と、不思議現象を見せる非科学の中で人類はいつになったら、不可思議な謎の世界を解明できるのであろうか。

不思議な謎を解き明かそうとしている研究者などは動いていると聞くが。

二十九　不思議世界を四原則で解明できた

深見東州（ふかみとうしゅう）とは何者なのか。プロフィールを見てびっくりするばかりである。半端ない才能、おののくばかりである。このような人間がいるのであろうかと。

昭和二十六年、兵庫県生まれ、本名、半田晴久。

同志社大学経済学部卒、武蔵野音楽大学特修科（マスタークラス）声楽専攻卒業、英国国立ウルバーハンプトン大学経済学部客員教授。中国国立清華大学歴史学部顧問《こもん》教授、中国国立浙江大学大学院日本文化研究所客員教授。

西オーストラリア州立エディス、コーワン大学名誉学博士、宝生流能楽嘱託教授、東州宝生会を主宰、その他に華道師範、書道師範など。

比叡山にて得度法名「東州」、臨済宗東福寺にて禅修業、居士名「大岳《だいがく》」を授る。

世界盲人ゴルフ協会《きょうかい》総裁、日本盲人ゴルフ新興協力名誉会長、神道国際学会（国際連合、NGO認可団体）副会長、米国公益法人、世界芸術文化振興協会会長、米国公益法人、シアヌーク病院協会副会長など公職多数、ワールドメイト・リーダー（株）菱研《びっけん》所長、その他国内外に十数社を経営し実践派経営コンサルタントとして多くのシンポジウム、講演会を主催し、経済評論活動を行っている。

また、作詞、作曲、演奏、指揮、声楽、和歌俳句、書、茶道、華道、絵画、能楽、声明、クラシックバレエ、俳優など、芸術文化方面で多才な活動を行いこれまでに多くの書画集楽譜集、写真集、ビデオ集、CDをリリース、またシャーマンズ研究家としても知られ文明評論や宗教評論の著作《ちょさく》も多い。『日本経済大発展の理由』『UNDERSTANPING JAPAN』や七十二万部を突破した『強運』をはじめ著作は六十冊を超える。

ラジオのパーソナリティーとしても知られるとある。

書いている間にも頭がクラクラしてくる。

この方は人間の域を越えているではないか。

今年の四月頃より、七十歳を過ぎ自分が生きた証として自分が体験した不思議を本にして出版すると決めた。

書き綴っていく中で本棚から『強運』という本を手に取ったのである。

以前に一度は目を通していた。

私はマーカーを引く癖がある。

その時は何気なく読んでいたのかと思う。

今回、読み進んでいく中でツキを呼び込む四原則が目に止まった。

何で、何故、霊が見えたり発した言葉が現実になって現われたりするのか不思議ではあったが、日々、何の支障もなく生きてきた。

この四原則のツボにはまったのである。

これだと確信できたのであった。

だからそのようなことが現われ見せられたり、言葉に発することの意味として解ったのだ。

深見東州先生の『強運』の中にこう書かれている。「人間は肉体的存在であると同時に霊的な存在でもある」「第六感があり鋭いひらめきや予知能力あるいは透視能力、テレパシー（現代科学では分析しにくいパワー）を持っている」と。

このことは私たち姉妹、孫たちも体験している。私はもう勇気が湧いてきて胸が高鳴る思いでワクワクしてきた。嬉しくなってたまらない。

やっとたどり着いたような嬉しい気持ちになった。ハッピーになったのだ。

それと言うのも二十九年前に別れた主人の家族らにこのような不思議が起こることに対して解明してやると偉そうに言っていたから。自分でもどのようにして解明ができるのであろうかと思いながら。

不思議な体験を言うことに対して奇妙な者を見るかのような目で見られていたのを思い出す。私が体験してきた直感、霊感の中での体験の意味を教えてくれる本であった。

すべてを紐解いてくれる本であった。

今までのモヤモヤが解消できた。

私は今までの人生、他力、直感のみで生きてきたと言える。

それこそが地球の外側のエネルギー（神の世界との波動）を強く受けているのかと。

とにかくこの世は摩訶不思議、今、自分がここにいることも不思議なのであるから。

この『強運』の本を手にすることなく不思議体験だけを出版していたならば、まだ私の心の中にはモヤモヤが残り続けていただろうに。

真理を知ることになり、人生は人と時とのタイミングがあり夢や目的を実現させると。

私の場合、『強運』という本との出会いの中でそれが始まったのか。

そして又、一致していることが必要だと。それにより実現、時期が熟し人物が相応ずる時、道は限りなく世に広まっていくと空海は残している。

私の転換期には、やはり、目に見えぬ大きな存在が動いているかのように思う。

高野山の本にも目を通す中で信仰する者には万能の奇跡を起こされるとある。

私は、祖父母、両親等が弘法大師に手を合わす姿を見て育ってきた。

先祖代々より信仰する弘法大師（空海）に護られてきたことを実感する。

深見東州先生は弘法大師の生まれ変わりではないかと思うほど、多彩な才能を持たれる方のようである。

宇宙人ではあるまいかと思うほどである。

しかも恵果の生まれ変わりのようである。

恵果とは弘法大師の師ではあるまいか。

弘法大師の時代より千二百年経過している今の時代に、このような学識、文才のある方が現われているなど知らなかった。

私の霊的体験の中で奥深い所まで学ばせて頂いた。『強運』の本を読む中で、勇気を頂くと同時に、この世のしくみを学ばせて頂いたのであります。

卓越した人間、深見東州先生にお会いしたいものだと思うのであります。

疲《つか》れた時、焼きそばを爆食いするらしいです。心和みます。

超庶民的で大ファンになりそうです。

三十　知人も瞬間移動を体験

本の出版にあたりページ数が少ないので、つけ加えるために書き始めた。

以前より尊敬する石川県のちず姉からの電話で起きあがった。

いつもは、朝七時三十分には起きているのだがその日は体調が思わしくなかった。

電話が鳴ったのは朝九時半、いつもこんなに早く電話がきたことはない。

えみちゃん聞いてと言うのである。

今、柿を剥いて白いお皿に二個のせたのだと、しかし剥いた皮をゴミ箱に捨て戻ると消えているのだと、しきりに喋るのだ。

家の中には自分以外の人はいないと。

不思議で、不思議で仕方がないと。

誰かに言ってもボケたのかとしか言われないと。それは私もよく解るのだ。

人に言うだけ、バカバカしいとよく思ったものである。

このちず姉も子供の頃より直感、霊感能力が強い人であるとのこと。

その場で消えたことで思い出すのが、十数年前、隣の奥さんと高野山へ墓参りに行った時のことである。

お供え花、水を入れたバケツ、マッチ、ハサミを墓の横に置き、菊の花の茎を切ろうとしたところ、今、置いたはずのハサミが無い。

二人ともリュックサックの中のものを全て出して確めたのだが見当らない。

二人で顔を見合わせて今、ここに置いたよね。あったの見てるよねと。

二人で不思議だと繰り返して言った。

誰か、このハサミを欲しい者が持っていったのであろうと私は言った。

その日は雪が降っていて誰一人、人影はなかった。

つい最近、私と妹もバラの木が突然現われ、あくる日には跡形も無く消えていた瞬間移動を体験しているのだ。

このような現象を信じることは確かに難しいことだと思う。

私自身も信じられない中で、実際、妹と二人一緒に体験しているのだから。

それと同時に丹波哲郎の話が出た。

そう言えばそんな人おったよなと。

三十　知人も瞬間移動を体験

『大霊界』というタイトルで本を出版されている。

丹波哲郎のことは完全に忘れていた。

今、思えば私が言い続けてきたことと同じことを言っていたのであった。

信じられない人は、死んだら解るよと。


この日、ちず姉、地震がくるから気を付けてと私は言っている。

そして夜のこと。孫からメールがきた。

今、ちず姉の住む石川県で地震があり、震度4とか5だと。十時四十七分に起きている。

私は書きものをしていた手を置きテレビのニュースをつけた。

朝の電話で、ちず姉、地震がくるから気を付けてと発していた通りに。

三十一　直感により、異様な場所から離れろとの指示が

弟、妹家族と高知県へ旅行に行った時のことである
当時、妹は妊娠していて大きなお腹であった。妊娠八ヶ月頃だったかのように思う。あのお腹でよく旅行に出かけたものである。

一泊した民宿で、もう一泊したいと言うことでお願いしたのだが、予約が入っているとのことで、そこの主人に紹介してもらった民宿へと向かった。

タクシーで一時間近くかかり、その民宿へと到着した。

もう一泊できると言うことで弟や子供たちは喜んでいる。民宿へ着き部屋へ通される。

私は気持ち的に、この民宿での宿泊に気が乗らない。子供たちは海へ行きたいと言う。

民宿の主人に聞いた海へと向かう。道沿いを一列になって歩く。十分ほどで着くと聞いてきたのだが歩けど歩けど、そのような海がある海岸にはたどり着かない。

妹は大きいお腹をかかえて、もうしんどいと疲労をかくせない状態になっている。

一時間位は歩き続けたように思うのだ。

三十一　直感により、異様な場所から離れろとの指示が

右下にある湾岸に一隻の船が浮かんでいる。

やっと着いたかと喜んだのもつかの間。

泳《およ》げるような場所ではないのだ。もう気が遠くなりそうになってきた。

側に小屋のような小さい建物がある。そこに電話があった。その当時は黒いダイヤル式の電話である。

タクシーを呼ばなければと思いきや、その時、ちょうど一台のタクシーがやってきたのだ。このタイミングは何なのだと思いながらその場から逃げたいとの思いと、みんな疲れているので助け船のごとく乗り込んで、元の民宿へと向かった。

一隻の船が浮かんでいた場所、何故か寂しそうな異様な感じを覚えたのであった。

民宿へ着いた時も玄関から異様さを感じていた。居間らしき場所には大きなテーブルがあった。民宿の主人と一人の女性の姿の動きが妙に不可思議に感じていた。

テーブルの上には随分な人数の客の食事の用意をしているように見える。しかし客などいる風には思えない。

何だか身体がゾクッとしていたのだ。

民宿に着いて直ぐさまキャンセルをして待たせてあったタクシーに飛び乗った。

弟や子供たちは納得のいかない顔をしている。あの霊気の漂いの気味悪さ、不気味さ。

この世の者ではないような動き。

私には直感的に感じるのである。

そのようなことを多々経験してきている。

この世にはたくさんの霊体が浮遊しているらしい。解らない人には、さぞかし理解できないであろう。

自分が以前、肉体として動いていたことを知ってもらいたかった霊なのか、忘れさられてほしくない霊なのか。

私は個人的にそのように思うのである。

悪霊であれば恐ろしい。

後で聞いた話、あの場所辺りは昔、処刑場であったらしい。

三十二　すべてが強い思いでの言霊

妹夫婦と近くの居酒屋で飲んでいた時のこと。カウンターで並んで飲んでいた時、妹の旦那が突然イスから倒れ落ちたのだ。

脳震盪を起こしたようで救急車で運ばれ茨木市の某病院へと。

その病院の医師は、今直ぐに頭を開き手術をしないといけないと言ったのだ。私はこの時、何言ってるんや、ヤブ医者がと叫んでいた。

妹はびっくりと不安で震えていた。

しかし私は意識を取り戻している義理の弟を妹の車で空港にある脳神経外科へと走らせた。

レントゲンを取ったが手術をすることには至らず問題はないとのことであった。

あの時、茨木市の某病院で頭を開いて手術を受けていたらと思うとゾッとするのである。

その後、妹の主人は四十二歳まで好きな酒を飲みながらも倒れた時から二十数年ほど、生存したのだ。

母親の時もそうであった。

母親は四十過ぎの頃、よく胃の痛みをこらえていたようだ。

ある日、病院での診察を予約していた。

担当医師から電話があり、母親が胃ガンで後、二年しかもたない。余命二年だと言う。

私は電話を切った後、誰が母親を死なすかと、心の奥底で叫んでいた。

母親が帰ってくる時間帯に橋のたもとまで迎えに行く時、涙をこらえることに必死であった。母親の顔を見た時は胸の鼓動が高まっていたが、グッとこらえ察することのないよう笑顔を作ったことを今も思い出す。

この時も心の奥底から誰が死なすかこのヤブ医者がと叫んでいた。

当時、母親は四十二歳であったが八十三歳まで生存したのである。

妹の子供が三歳の時、高熱が出て病院へ行った時のこと。

医師から、この子は歩けなくなると伝えられたらしい。

私は高野山総本山尼僧に連絡をした。

その尼僧は私たち姉妹の師匠である。

教えられた通りの祈りを唱えた。

師匠は私に高野山浪切不動明王の龍を送るぞと言われた。

その時、妹の旦那が姉さんと叫んだように思う。仏壇に供えたチューリップの蕾が一瞬でパッと花開いたのであった。

お経が終わると同時に、不思議ともとの蕾にかえったのである。

あの時、師匠は大聖波切不動から龍を送ると言ったのであった。

妹の娘は現在、三十二歳になる。結婚して子供も出来、歩けなくなるなどと言われたことが全くのヤブ医者が発した言葉だったと。

娘の子供が誕生して半年検診の時に、肺に穴が開いているので手術が必要と言われた時も私は、このヤブ医者がと言い残しその場を離れた。側におられた方々はさぞかしびっくりしていたであろう。

豊中市民病院で検査をしたが穴など開いていないし手術などの必要もなかったのだ。

妹は言った。お姉ちゃんがいなかったら、皆んなどうなっていたかと。

著者　中村えみ子

趣味：読書、音楽鑑賞でジャズに始まり、クラシック、ロック、歌謡曲までオールマイティー。入浴時には、必ずロックバンド“デフ・レパード”の曲を聴いている。

解明に急げ　不思議体験　生きた証を残す

2025年4月1日　初版第1刷発行

著　者　中村えみ子
発行所　株式会社牧歌舎
〒664-0858　兵庫県伊丹市西台1-6-13 伊丹コアビル3F
TEL.072-785-7240　FAX.072-785-7340
http://bokkasha.com　代表者：竹林哲己
発売元　株式会社星雲社（共同出版社・流通責任出版社）
〒112-0005　東京都文京区水道1-3-30
TEL.03-3868-3275　FAX.03-3868-6588
印刷製本　冊子印刷社（有限会社アイシー製本印刷）

ISBN978-4-434-35592-9 C0095